皇室の未来を祈って

皇太子妃・雅子さまの守護霊インタビュー

大川隆法

RYUHO OKAWA

本霊言は、2012年7月19日（写真上・下）、幸福の科学総合本部にて、
質問者との対話形式で公開収録された。

まえがき

まことに重々《おもおも》しく、厳しいテーマの本である。

僭越《せんえつ》ではあるが、一時期、東大法学部の後輩として在籍《ざいせき》された雅子さまを二十年以上にわたって見守ってきたものの一人として、また、日本の宗教家として、何らかの参考になる言葉の一つも発することができればと願っているものとして、一書を編ませて頂いた。

この夏、中国活動家の尖閣諸島上陸事件に付随《ふずい》して、中国では、（官製）反日デモが繰り広げられている。駐中国大使の車が襲撃されて、国旗が奪われたり、日本商店が襲われたりしている。また竹島不法占拠事件では、韓国の李明博《イミョンバク》大統領から、天皇に具体的な言葉で謝罪を要求するかの暴言も発された。今こそ、皇室に権威が必要な時である。雅子さまにも、心をお強くお持ち頂きたいと願っている。

なお、一部、週刊誌が、信者にまぎれて、本書の内容をスクープしたが、無許可で、未編集のものを活字にして先行販売するなど、品性と経営危機の問題を感じるが、それほどまでに、「雅子さま問題」が国民の関心を呼ぶということでもあろう。悪徳商法の週刊誌などに汚されない、尊い皇室の未来を祈ってやまない。

二〇一二年　八月二十八日

幸福《こうふく》の科学《かがく》グループ創始者兼総裁《そうししゃけんそうさい》　大川隆法《おおかわりゅうほう》

皇室の未来を祈って　目次

皇室の未来を祈《いの》って

――皇太子妃《こうたいしひ》・雅子《まさこ》さまの守護霊《しゅごれい》インタビュー――

二〇一二年七月十九日　霊示
東京都・幸福の科学総合本部にて

「霊言現象《れいげん》」とは、あの世の霊存在の言葉を語り下ろす現象のことをいう。これは高度な悟《さと》りを開いた者に特有のものであり、「霊媒現象《れいばい》」（トランス状態になって意識を失い、霊が一方的にしゃべる現象）とは異なる。

また、人間の魂《たましい》は原則として六人のグループからなり、あの世に残っている「魂の兄弟」の一人が守護霊《しゅごれい》を務めている。つまり、守護霊は、実は自分自身の魂の一部である。「守護霊の霊言」とは、いわば本人の潜在《せんざい》意識にアクセスしたものであり、その内容は、その人が潜在意識で考えていること（本心）と考えてよい。

なお、「霊言」は、あくまでも霊人の意見であり、幸福の科学グループとしての見解と矛盾《むじゅん》する内容を含《ふく》む場合がある点、付記しておきたい。

皇室の未来を祈《いの》って

――皇太子妃《こうたいしひ》・雅子《まさこ》さまの守護霊《しゅごれい》インタビュー――

二〇一二年七月十九日　霊示

東京都・幸福の科学総合本部にて

皇太子《こうたいし》徳仁親王《なるひとしんのう》妃《ひ》雅子《まさこ》（一九六三〜）

皇太子徳仁親王の妃。旧名は小和田《おわだ》雅子。東京生まれ。ハーバード大学経済学部卒業後、東大法学部に学士入学をするが、いわゆる外交官試験に合格し、東大を中退して外務省に入る。一九九三年六月、皇太子徳仁親王と結婚《けっこん》、二〇〇一年に第一女子・愛子内親王《あいこないしんのう》を出産した。

質問者　本地川瑞祥《もとちかわずいしょう》（幸福の科学出版社長）
綾織次郎《あやおりじろう》（「ザ・リバティ」編集長）
金澤由美子《かなざわゆみこ》（幸福の科学指導研修局長）

［質問順。役職は収録時点のもの］

1　雅子妃の「本心」を代弁したい

「明治天皇崩御《ほうぎょ》百年」で参拝《さんぱい》されなかった雅子妃

大川隆法　今日《きょう》は、多少、畏《おそ》れ多いテーマを選ばせていただきましたので、やや緊張《きんちょう》しています。

私は、昨日《さくじつ》（七月十八日）、外出する折、インスピレーション的に、ふと明治神宮《じんぐう》に参拝《さんぱい》したくなり、明治神宮へ行きました。

そこには制服や私服の警察官が大勢いて、皇室関係者と思われる、スーツ姿の人も数多くいました。そして、明治神宮前の大鳥居《おおとりい》から入ることができず、「横の道路のほうへ行くように」と交通整理をされたので、そちらのほうに中国人観光客などと一緒《いっしょ》に歩き（笑）、社務所《しゃむしょ》に近づきながら、「これは何だろうね」と言っていました。

実は、今年の七月三十日は、明治天皇が崩御《ほうぎょ》されてから百年目の命日《めいにち》に当たるのだそうですが、当日は「明治天皇百年祭」が行われ、混雑するので、それに先立ち、天皇皇后両陛下が参拝に来ておられ、そのために周辺で交通整理が行われていたのです。黒塗《くろぬ》りの車や黒ガラスのバス、白バイなどをたくさん見たのは、そのせいでした。

社務所の近くまで行くと、そこで、向こうの関係者から、「今、両陛下が参拝をなされていて、次が皇太子さまです」と言われました。それで、「ああ、そうですか」と言って、引き返したのです。

原宿《はらじゅく》から表参道《おもてさんどう》のほうにかけて、日の丸の小旗を持った人が数多く道路の両側に並んでいたので、珍《めずら》しく思い、その人たちを見ながら歩きましたが、小旗を持った小学生たちが集まっている所で立ち止まり、待ち構えていると、警官たちが、「まもなくです」と言いながら警備を始めました。

やがて、天皇皇后両陛下の乗られた車が、白バイに先導されて出てきました。

美智子《みちこ》皇后陛下は、車の窓を開《あ》け、小学生たちのほうに手を振《ふ》っておられたのですが、そこには私もいたので、五メートルぐらいの近くで（笑）、私にも手を振っていただいたような気分になりました。

私は、以前、東京都品川区の池田山《いけだやま》に住んでいたことがあります。近くには、当時、皇后陛下のご実家である正田家《しょうだけ》がまだあり、そのあたりには、いつも、警備の警察官が立っていました。

わが家《や》の横にも警察の警備ボックスがあり、正田家の前にも警備ボックスがあり、二つのボックスに挟《はさ》まれながら、私は、毎日、〝行ったり来たり〟していたのですが（笑）、正田家の跡地《あとち》が今は公園になっており、「さみしいな」と思っています。

車の窓から手を振っておられた美智子さまは、ご高齢《こうれい》にもかかわらず、相変わらず、お美しいお姿でした。

天皇陛下は美智子さまの向こう側におられたので、私のほうからは見えなかったのですが、おそらく、私の反対側で、日の丸の小旗を持っている人たちのほうに、手を振っておられたのではないかと推定されます。

ただ、向こうの関係者が、「天皇皇后両陛下がお参りをされ、そのあとは皇太子殿下《でんか》です」と言ったとき、雅子妃の名前がなかったので、「雅子妃は参拝なさらないのだ」と思い、それがとても気になりました。

雅子妃の守護霊から話を聴《き》き、改善点などを考えたい

大川隆法　私たちは、「週刊誌的興味で霊言《れいげん》の収録を行ってはならない。もっと上品でなければいけない」と思っています。

ただ、皇室に関する問題は、今、国民の重大な関心を集めており、「雅子妃に何らかのご不調があるらしい」ということで、国民は雅子妃のことを心配しています。また、雅子妃のご不調については、皇室も憂慮《ゆうりょ》しておられるのではないかと思うのです。

立場上、難しかろうとは思いますし、言葉を選ばなければなりませ

んが、もし、宮内庁《くないちょう》や内閣等では対応できないようなことで、雅子妃が悩《なや》んでおられるのでしたら、この機会に、私たちが代わりにお伺《うかが》い申し上げ、改善すべきことがあるのなら、進言したいと思います。

雅子妃が、どのようなご本心をお持ちなのか、のぞき趣味《しゅみ》で見てはいけないものの、今の日本は天変地異に見舞《みま》われていて、「これには民主党政府の存在が大きい」と私は思っていますが、「皇室も何らかの関係があるかもしれない」という気もしないでもありません。

もし、皇室関係で何か解決されていない問題等があるのなら、それについても知りたいと考えています。

しかし、これは、とても厳しいテーマではあります。

雅子妃に関しては、マスコミも、間接的な報道というか、雅子妃の知り合い系統から得た情報や、雅子妃と接触《せっしょく》した人たちのことを、チラチラと報道してはいますが、ご本人への直接の取材は、そう簡単にできるものではありません。

そこで、私たちは、雅子妃の守護霊をお呼びし、失礼のないかたちで、お話をお聴《き》きできればと考えています。

雅子妃は、もともと、たいへん期待されて皇室に入られた方《かた》です。ハーバード大学経済学部卒の才媛《さいえん》で、東大法学部に学士入学をしたあと、その年のうちに、いわゆる外交官試験に合格して、外務省に入り、「将来は大使か」と言われていましたが、やがて徳仁親王《なるひとしんのう》から求婚《きゅうこん》されました。

ご結婚されたときのフィーバー（熱狂《ねっきょう》）を、若い人は知らないかもしれませんが、ある程度の年齢の人はご存じのはずです。

ただ、「雅子妃には皇室の水がなかなか合わないのではないか」ということは、最初から、ある程度、予想はされていたのです。

「結婚式のときには、何十キロもある十二単《じゅうにひとえ》を着て歩かなくてはならないし、宮中の和歌詠《よ》みの会にも出なくてはならない。こういうことは、外国暮らしの経験のある、ハーバード大卒の方《かた》には、かなり厳しいのではないか」ということを、私は推測していました。

今回、たまたま、そういう機会がありましたので、雅子妃について、ちょっと気になったのです。

神々の子孫《しそん》である皇室を軽《かろ》んじてはならない

大川隆法　私は、以前、『新・日本国憲法 試案』（幸福の科学出版刊）という本を出したことがあります。

その本の発刊後、右翼《うよく》の大物が、三十人ばかり、次々と幸福実現党の政党本部に〝ご挨拶《あいさつ》〟に来られました。そして、応対に出た人は、「天皇や皇室に関する条文を後ろのほうに置きすぎている。皇室関係の規定を第一条にしてほしい」という依頼《いらい》を受けたそうです。

　あれは前文および十六条の条文からなる憲法草案ですが、天上界《てんじょうかい》の聖徳太子《しょうとくたいし》から直々《じきじき》に霊示《れいじ》で頂いた内容なので、私は、「簡単に書き換《か》えてはいけない」と思いましたし、まだ案の段階で提示しただけなので、その依頼には応じませんでした。

　右翼の大物が、三十人ぐらい、続々と来られたので、政党本部のほうも、さすがに驚《おどろ》いていたようです。

　そのように、右翼の方々も、「皇室の存続」を気にはしていると思うのですが、幸福の科学は、もう一段、進んでいます。今の社会科の教科書からは、ほとんど消えていますが、「日本古来の神々の中心的存在である天照大神《あまてらすおおみかみ》の肉体的な子孫《しそん》が、今の天皇につながっている」

と考えているのです。

故・芦部信喜《あしべのぶよし》東大名誉《めいよ》教授の憲法論では、「皇室制度、天皇制の根《こん》拠《きょ》を挙げるとすれば、『皇室は神々の子孫である。天皇は神々の子孫である』ということ以外には考えられない」というようなことが書かれていました。

それについては私も同意見なので、私は、「皇室を軽《かろ》んじたり、廃《はい》止《し》したりしたい」という気持ちを持っているわけでは決してありません。むしろ、「天皇は、もう少し文化的で宗教的な存在であってもよいのではないか。現在は、かなり、ご不自由をされているのではないか」と思っているのです。

例えば、天皇陛下が明治神宮に参拝なさる際にも、警察官をはじめ、いろいろな役人を総動員して交通整理や警備などを行っております。私的な参拝というわけにはいかないので、どうしても「公《こう》」と「私《し》」を分けることはできないでしょう。

また、何代か前の肉体先祖が、もう神として明治神宮に祀《まつ》られている状態なので、皇室には「現人神信仰《あらひとがみしんこう》」的なものは存在すると思います。

日本国憲法で「政教分離《ぶんり》」と言いつつも、宗教は政治と深くかかわっているものだと私は理解しています。

「他《た》の宗教の存在を許さない」とか、「否定する」とかいうことであっては困るのですが、「他の宗教の活動を妨《さまた》げない」ということであれば、私は天皇制や皇室制度に決して反対ではありません。

むしろ、「中国は二〇五〇年までに日本の皇室制度を廃止しようと計画している」という説が、一部の本で現れてきているのを見るにつけても、「万一《まんいつ》、防衛戦争、国防の戦争が起きた場合に、皇室に責任がかからないような体制にしておきたい」という気持ちを私は持っています。

それについては、やはり、政治家といいますか、行政の長《ちょう》が責任を持つべきではないかと思っているのです。

今の憲法解釈《かいしゃく》では、天皇は、「元首《げんしゅ》」とも解されますし、「元首ではない象徴《しょうちょう》的存在」とも解されますが、一年おきに首相が替《か》わっている状況《じょうきょう》では、首相を元首とするのは厳しいでしょう。

もし天皇を元首的存在だとするのでしたら、外国との間で、何らかの重要な問題、例えば、映画「ファイナル・ジャッジメント」（製作総指揮・大川隆法。二〇一二年六月公開）で描《えが》かれた、恐《おそ》ろしいこと（日本占領《せんりょう》）が起きた場合には、皇室の存続は極《きわ》めて危ないと考えられます。

私は、「できることなら、二千年以上も連綿と続く文化的な存在として、皇室を大切にし、皇室が今後も続いていくようにして差し上げたい」と考えており、皇室を軽んじる気持ちは決してありません。

今朝《けさ》、新聞各紙をパッと見たところでは、産経新聞の後ろのほう（社会面）に、小さい記事と共に、天皇陛下が明治神宮に参拝されている写真が載《の》っているだけで、ほかの新聞には、そういう記事は見当たりませんでした。

天皇皇后両陛下と皇太子殿下は明治神宮に参拝されたけれども、雅子妃は、参拝しておられないようだったのです。

皇太子妃・雅子さまの守護霊を招霊《しょうれい》する

大川隆法　質問者のみなさん、大丈夫《だいじょうぶ》ですか。「礼儀《れいぎ》正しく、言葉遣《づか》いの正確な人たちが選ばれた」と聞いています。何か問題があれば、幸福の科学出版に抗議《こうぎ》が来るかもしれないので、責任を持って質問していただきたいと思います。

本日は、畏《おそ》れ多くも畏《かしこ》くも、皇太子徳仁親王妃、雅子さまの守護霊にインタビューをさせていただき、「雅子妃が、本当は心のなかで思っておられるけれども、言えないでおられること」等を、代弁することができましたら、幸《さいわ》いであると考えています。

それでは始めます。

（合掌《がっしょう》し、瞑目《めいもく》する）

雅子さまの守護霊を、お呼び申し上げたいと思います。

雅子皇太子妃殿下の守護霊を、お呼び申し上げたいと思います。

雅子さまの守護霊よ、幸福の科学総合本部にご降臨たまいて、われわれに、その心の内を明かしたまえ。

雅子さまの守護霊よ、ご降臨たまいて、われらに、その心の内を明かしたまえ。

（約二十秒間の沈黙《ちんもく》）

2　なぜ皇太子妃に選ばれたのか

大川総裁に呼ばれると、来ないわけにはいかない

雅子妃守護霊　（咳《せ》き込《こ》む）

本地川　おはようございます。皇太子徳仁親王《なるひとしんのう》の妃殿下《ひでんか》、雅子さまの守護霊さまでございますでしょうか。

雅子妃守護霊　そうでございます。

本地川　本日は、幸福の科学総合本部にお越《こ》しくださいまして、心より感謝申し上げます。本当にありがとうございます。

雅子妃守護霊　ええ。どういうわけか、心ならずも、呼ばれてしまうことになりまして……。このシステムについては、よく分からないのですけれども、呼ばれると、なぜか、来ないわけにはいかないような感じになっておりまして……。本来、宮内庁《くないちょう》を通していただきませんと、私へのインタビュー等をしてはいけないことになっているのでございますけれども……。

本地川　はい。失礼の段に至りましたことを、お詫《わ》び申し上げます。

本日は、幸福の科学の大川隆法総裁のお口を通しまして、雅子妃殿下が普段《ふだん》お考えになっていらっしゃることなど、その御心《みこころ》をお聴《き》かせ願えればと思い、このような場を設《もう》けさせていただきました。

雅子妃守護霊　はい。

本地川　雅子妃殿下が、日頃《ひごろ》、皇室の中心のお一人として、日本国の繁栄《はんえい》や平和のためにご尽力《じんりょく》いただいておりますことに、国民一同、心から感謝申し上げております。本当にありがとうございます。

雅子妃守護霊　十分なお仕事ができず、国民のみなさまに本当にご心配をかけておりますことを、心の底より残念に思っております。

本地川　いえ、とんでもないことでございます。

私は、幸福の科学出版を担当しております本地川と申します。いろいろとご質問させていただきますけれども、もし失礼な点がございましたら、お許しください。

雅子妃守護霊　はい。

「本人ではなく、守護霊が語った」と受け止めてほしい

本地川　雅子妃殿下は、最近、ご体調がお優《すぐ》れでないとお聞きしておりますけれども、そのなかで、皇太子殿下をお支えになり、また、ご公務においても、いろいろとご尽力をなさっておられます。

そうした状況《じょうきょう》のなかにあって、雅子妃殿下は、今、どのようなこと

に最も関心をお持ちになり、お考えを集中しておられるのでしょうか。そのへんからお聴かせいただければ、ありがたく存じます。

雅子妃守護霊　うーん。まあ、それは……。そうですね、端的《たんてき》に申し上げますと……。

私は、皇室に入りまして、皇太子妃になりましたけれども、ちょうど、国民が不況で苦しんでいる時期でございましたので、皇室も含《ふく》めて、世間《せけん》は、私のお義母《かあ》様に当たります美智子《みちこ》さまが、初めて民間から皇室に入られたときのように、大きなブームが起き、世の中が明るくなることを期待しておられたのではないでしょうか。

美智子さまブームのときには、景気もよくなり、一気に世の中が明るくなったようでございますので、そのようになることを、みなさま、期待しておられたのだと思います。

しかし、私の場合には、最初は少し期待をかけてくださいましたが、景気がよくなることもなく、平成の世では不景気が続いております。

また、「なかなか、ご子孫《しそん》を遺《のこ》すことができない」ということで、跡継《あとつ》ぎ問題等で、皇太子殿下に、ご迷惑《めいわく》、ご心配をおかけいたしましたし、国民のみなさまや天皇皇后両陛下にも、ご心配をおかけいたしました。

さらに、私一人の罪ゆえにか、女性天皇問題等、いろいろと法整備の問題が出てきたりいたしまして、本当につろうございました。

本地川　そうですか。

雅子妃守護霊　はい。

本地川　本当に、ご心中をお察し申し上げます。

そういうなかにおきまして、今は、日本という国の国体や行く末《すえ》においで、進路が定《さだ》まらないような状況も見受けられるのですが、雅子妃殿下は、今、日本と皇室に対しまして、どのようなご感想をお持ちなのでしょうか。お聴かせ願えれば、ありがたく存じます。

雅子妃守護霊　ああ。それは、原稿《げんこう》がなければ答えてはならない、とても厳しいご質問であり、どのような答え方をしましても、失言になる可能性があるかと思われます。

うーん。まあ、「本人ではなく、守護霊が霊的《れいてき》に語った。大川隆法さんの特別な天賦《てんぷ》の才能によって、そういうことができた」ということで、「間接的に、霊的に翻訳《ほんやく》し直して聴いた」というかたちにしていただきたいと思います。

本人の言葉としてではなく、間接的に翻訳された言葉、「こういう意味ではないか」というように聴いた言葉だと解釈《かいしゃく》していただければ幸《さいわ》いに思います。

皇室の会見では一言一句《いちごんいっく》にたいへん重みがございます。感想等を申し上げましても、私の生《お》い立ちや学業時代に身につけたものが影響《えいきょう》して、失言になってしまうことがございます。

私は、この世において卓越《たくえつ》した者になるための教育を受けておりましたが、皇室というところは競争の外にある世界でありますので、競争のなかで卓越した存在になるように指導されてきた者にとって、「競争の外にある世界に、どのように適応していくか」ということは、やはり、かなり難しゅうございました。

「諸外国と友好が保てる人」として皇太子妃に選ばれた

本地川　雅子妃殿下は、そのような、まだご経験のない世界に飛び込まれ、そのなかで、ご活躍《かつやく》をしてこられたわけですが、日本神道《しんとう》系の中心の神々が、今、幸福の科学の大川総裁のお子様としてお生まれになっていることが、リーディング（霊査《れいさ》）で判明しておりまして……。

雅子妃守護霊　ええ。そ、そ、そういう、そういう畏《おそ》れ多いことは、もう、決して決して決して決して、簡単には言わないほうがよろしいかと思います。

本地川　そうでございますか。はい。

今回、皇室に入られるに当たり、雅子妃殿下には、過去世《かこぜ》において、日本神道系とのご縁《えん》のようなものは、何か、ございましたのでしょうか。

雅子妃守護霊　うーん。言葉を選ばないと、お答えするのが、やはり、とても難しゅうございますけれども……。

戦後、皇室は、一貫《いっかん》して、国民と共に歩み、「開《ひら》かれた皇室」であ

ることを望んでおられましたし、先の大戦における敗戦をふまえ、あ
あいうことがないようにするため、「世界の懸《か》け橋になる皇室」を目
指しておられたのではないかと存じております。
その意味において、私の皇室入りの背景には、「諸外国とも忌憚《きたん》な
く話のできるような人間が、民間から入ってもよいのではないか」と
いう意見があったのではないかと思います。
「外務省出身であれば、外国の、さまざまな高位高官の方々と、会
ったり、会食したりする際にも、緊張《きんちょう》感が少ないのではないか」とい
う理由で、私が選ばれたのだと思われるんですね。
美智子さまは、とても優れた方であり、英語もとてもお上手で、ご

尊敬申し上げておるのでございますけれども、美智子さまには、「海外の方が数多く日本に来られ、晩餐会《ばんさんかい》等が頻繁《ひんぱん》に行われているので、外交官的な素質のある女性というか、外人慣れをした女性も日本の皇室に入れたほうが、皇室のいっそうの発展と存続にとって、よいのではないか」というお考えがあったと思うのです。

美智子さまの御成婚《ごせいこん》のころには、「左翼《さよく》革命が起きて、皇室がなくなるのではないか」ということを、美智子さまのごきょうだいがご心配なされていたと、お聞き申し上げております。

そういうことが起きないように、「諸外国と友好が保てる人」ということで、私のほうに、だんだん絞《しぼ》り込みがかかったのではないかと思っております。

雅子妃は日本神道《しんとう》系の魂《たましい》ではない

雅子妃守護霊　たいへん答えにくうございますけれども、私自身は日本神道《しんとう》系の魂《たましい》ではございません。

この点については、昔、大川隆法さんが、ある方を通じて懸念《けねん》を表明しておられたと、間接的に伺《うかが》っております。私の結婚の前に、「普通は、神道系の魂を持った方を皇室に入れるものですけれども、この方で大丈夫《だいじょうぶ》でしょうか」と言って、ご心配なされていたことを、霊的に伺ってはおるのでございます。

私自身は、実は、日本人として生まれたのは今回が初めてでございまして、その意味で、皇居のなかだけではなく、霊界《れいかい》においても、日本神道の霊的な磁場と申しますか、日本神道の神々との交流に多少の支障が生じております。

日本は伝統を重んずるところでございますが、そのへんに関して、私の理解は十分ではありませんでした。

それと、私がハーバード大学卒業であることは、この世的には、よくほめられることではございますけれども、日本とアメリカとは、ごく最近まで、敵・味方に分かれて戦っていた仲でございます。

実は、日本神道の神々のなかには、その霊的な身内が先の大戦のときに地上に生まれていて、アメリカ軍との戦いにおいて亡《な》くなられたり、戦争責任を追及《ついきゅう》されたりした方もいらっしゃるので、そういう方々の念《おも》いもまだ少し残っております。

そのため、「私は、霊界においても、必ずしも適応が十分にできてはいない」ということが問題であるかと思います。

本地川　そうですか。分かりました。お答えいただき、ありがとうございます。非常に答えにくい質問で、本当に失礼いたしました。

3　皇室入りして始まった苦しみ

皇室外交では「本心」を語ってはならない

本地川　今のお話のなかにもありましたように、皇室には皇室外交というものもございます。先日、当会の大川隆法総裁が、アフリカのウガンダに行かれ、説法《せっぽう》をなさいましたが（二〇一二年六月二十三日）、その一週間ほど前には、秋篠宮《あきしののみや》ご夫妻《ふさい》がウガンダを訪問なされ、ウガンダとの友好を深めておられました。

雅子妃守護霊　ええ、ええ。存じております。

本地川　雅子妃殿下《ひでんか》といたしましては、日本の皇室をお助けするために、そのような、海外での外交的なお仕事を、魂《たましい》的には、お望みなのでしょうか。

雅子妃守護霊　ええ、ええ。皇太子殿下がプロポーズをなされました際にも、「外務省でも外交官として外交ができるけれども、皇室でも皇室外交ができるのだから、皇室入りしても、あなたの経歴や語学力等が無駄《むだ》にはならないし、皇室に入れば、もう一段高い見地から国家的な利益になる存在になれるのではないでしょうか。そういう意味で活躍《かつやく》できるように、全力でお守りします」というようなことを言ってくださいましたので、そのお言葉を信じて皇室に入ったのでございます。

ただ、皇室は、何しろ言葉がとても重いところでございます。

外務省も、それほど言葉が軽いわけでは決してなく、通訳等をいたしましても、誤訳などをしましたら、たいへんな国際問題が生じますので、英語であっても、失言は、あってはならないことでございます。

しかし、皇室になりますと、もう一段厳しゅうございまして、いわゆる本心を語ってはならず、抽象的《ちゅうしょう》で、あらゆる国民や、あらゆる国家に対し、決して不快の念を抱《いだ》かせないような言葉を選ばなくてはなりません。これは難しゅうございました。

政治家も、本心を明かさず、抽象的な言葉で話しておりますけれども、マスコミの方々は、そのなかから意を汲《く》み、翻訳《ほんやく》、意訳して、「こういうことを言ったのだ」としています。例えば、首相が「肚《はら》をくくった」と言うと、「解散を決めた」というように翻訳して、記事にしたりなさいますでしょう?　そのような翻訳が許されています。

ところが、皇室にあっては、その翻訳も許されないというか、「マスコミの方々に本心を翻訳されないような言葉を、選ばなくてはならない」ということで、そういう教育を受けました。

そのようにしておりますと、だんだん、だんだん、何も話せなくなりまして、「なるべく会見に出ないほうがよい。そうすれば、問題が起きない」ということになります。

アメリカで教育を受けますと、どうしてもトーカティブ（talkative 多弁）になってしまいますので、いろいろなことを話してしまい、あとで他の方々にご迷惑《めいわく》がかかります。

「結論を言わない外交」は実に苦しい

雅子妃守護霊　例えば、結婚《けっこん》前の記者会見で、皇太子殿下よりも私のほうが長く話してしまったことがあり、それが宮内庁《くないちょう》ではたいへんな問題になりました。語学を学ぶと、話しすぎる傾向《けいこう》が出てしまうのですが、「皇太子さまより長く会見した」ということが問題になったのです。

また、私は、そのときに失言をしてしまいました。

私には、どうしても英語で考えてしまう癖《くせ》がございます。その会見では皇太子殿下のご人格をほめたのですが、英語の文脈を日本語に訳し、そのまま話したのです。ところが、「その言い方だと皇太子殿下に対して失礼に当たる」ということが、そのときには分かりませんでした。英語では、言ってもいいことなんですけれどもね。

その言葉を再現するのは、ちょっと嫌《いや》ですけど、英語の文脈で考えた、「キャラクター」という言葉を日本語に直して使い、「人格者」という意味で、「とても人間のできた方でいらっしゃる」と述べたのでございます。

しかし、「皇太子妃が、皇太子に対して、『人格者であられる』と言うこと自体、失礼に当たる」とされ、問題になりました。

そこまでは考えが至りませんでした。外国暮らしが長かった分、逆に、日本語能力の繊細《せんさい》な部分で引っ掛《か》かってしまったのです。

そのため、その面での教育をそうとう受けたのでございますけれども、苦しくて苦しくて……。結論をすぐに言うアメリカ流と、結論を決して言わない日本流との違《ちが》いに苦しみました。皇室外交といっても、「結論を言わない外交」というものは実に苦しゅうございます。

外務省も含《ふく》め、周りの方々は、私がパーティーの席等で何か失言することを恐《おそ》れました。

外国の方は、「あの問題について、どう思いますか」と、いろいろな質問を不用意に投げ掛けてくることがあります。例えば、「領土問題について、どう思いますか」とか、「どこそこのプラント建設について、どう思いますか」とか、そんな質問を向こうから不用意に投げ掛けられて、私が、即《そく》、英語で答えてしまったりしたら、それが問題になって、内閣を縛《しば》ることにもなりかねません。

要するに、私の発言が日本の公式見解のようなかたちで流れたりしたら、大変なことになるので、だんだん、私が話す機会はなくなっていきました。

また、外国紙で、何でしたか、「悲劇のプリンセス」というような報道をされたこともあり、そのあたりを境にして、だんだん、心が沈《しず》んでいく状態が多くなったわけでございます。

本地川　ご心痛の一端《いったん》をお聴《き》かせいただきまして、本当にありがとうございます。

4　雅子妃の「適応障害」の原因

「皇室に入らない」という選択《せんたく》はあったのか

綾織　マスコミは少し苦手かと思いますけれども……。

雅子妃守護霊　いえ、本当は決して苦手ではないのでございます。

綾織　ああ、そうですか。

雅子妃守護霊　ただ、皇室では、本音を言うと、批判され、あとで反論できないことがございますので……。苦手なわけではございません。英語でしたら、お相手したいと思うぐらいでございます。もっとも、揚《あ》げ足を取るようなかたちのマスコミは、やはり苦手でございます。

綾織　誠実に質問をさせていただきたいと思います。

お話をお伺《うかが》いしておりますと、「もしかしたら、『皇室にお入りにならない』という選択《せんたく》もあったのではないか」というようにも思えたのですが、皇太子さまのところに嫁《とつ》がれるのは、霊的《れいてき》に予定されていたことなのでしょうか。

雅子妃守護霊　うーん。これは、答えにくいご質問でございます。もうすでに結婚《けっこん》をいたしまして、子供もいないわけではございませんので、過去に遡《さかのぼ》って是非《ぜひ》を言うのは、とてもつらいことでございますが、まあ、「皇太子さまの押《お》しの一念に、国民としては、もはや何とも抗《こう》しがたいものがあった」ということは言えるかと思います。

「ここまで愛してくださるのであれば、もう、お任せしてはどうか」という声も周りでは強く、「お断りしては失礼がすぎる」という声がかなり強かったので、「そうであれば、それでもよいのかな」と思いました。

私としては、「もう少し、キャリア女性としての仕事をしてみたかった」という気持ちはございます。

「別の人と結婚する霊的な予定があったのだ」と言うと、たいへんなスキャンダルになりますので、そんなことは決して申し上げることはできませんけれども、「結婚しないで、外交官としてのキャリアを積み、女性の大使とか大臣とか、そういうものになる可能性もあったかもしれない」ということは言えると思います。

「日本の神主《かんぬし》の長《ちょう》」が天皇で、その跡継《あとつ》ぎが皇太子

綾織　適応障害に陥《おちい》っておられる雅子さまを、国民は心配しているわけですが、最も中心的な問題は、霊的には、「日本神道《しんとう》の神々とうまく交流できない」ということ、そして、この世的には、「日本神道の祭祀《さいし》への出席がなかなかなか難しい」ということでしょうか。

雅子妃守護霊　はい、そうなんです。先ほども話があったように、今回、明治神宮《じんぐう》に参拝《さんぱい》しなかったわけですが、神道系の儀式《ぎしき》に参加する

のが、どうも苦手で、頑張《がんば》って参加することもあるんですけれども、頭が重くなり、ちょっとつらいことが多いのです。

綾織　皇太子さまが、いずれ天皇陛下になられるわけですが、そうなりますと、本当に、祭祀が中心的な仕事となり、さらに厳しい環境下《かんきょうか》に置かれてしまうと思われるのですが……。

雅子妃守護霊　ええ。結婚前に、いちおう、「皇室は日本の古来の文化を大切にし、重んじる」ということを知ってはおりましたので、それについていては、「学習すれば、何とか、ついていけるようになるのではないか」と考えていたのですけれども、もう一段深い意味があるとは知りませんでした。そこが、私の至らないところでございます。

私は外交官試験を受けましたので、もちろん、憲法学の勉強もいたしました。先ほども話があったかもしれませんが、日本国憲法では、「政教分離《ぶんり》」が定められていますし、象徴《しょうちょう》天皇制によって、天皇は政治上の実権を持たないことになっているため、私は皇室を文化的に理解し、「皇室行事をこなせば済む」と思っていたのです。

ところが、実際に皇室に入ってみたら、予想とは大きく違《ちが》っていました。「天皇は、かたちだけの象徴ではないし、皇室行事は、単なる、文化的な儀式、儀礼ではない。皇室は、実際に宗教的意味のある儀礼や祭祀を行っていて、その中心が天皇陛下だ」ということが分かったのです。

ですから、「日本の神主《かんぬし》の長《ちょう》」が天皇陛下の真実のお姿なのですが、そんなことは憲法学で習っていなかったので、私は、天皇陛下が神主だとは思っていませんでした。「日本の神主たちのなかで、いちばんトップの大神主《おおかんぬし》が天皇陛下であり、その跡継《あとつ》ぎが皇太子殿下《でんか》だ」ということを、結婚前には知らなかったのです。

皇室には「神道系《しんとう》の結界」が張り巡《めぐ》らされている

雅子妃守護霊　皇室外交で、外国の人と会って話をしたり、会食をしたり、パーティーをしたりすることや、儀礼的に国民の前に現れて挨《あい》拶《さつ》したり、災害のあった地域を慰問《いもん》したりすることは、皇室の仕事として当然かなと思い、それを私は受け入れていたのですけれども、実を言うと、皇室では霊的な交流までなされているのです。

例えば、先の天皇が亡くなられたら、次の天皇になる方は、「殯《もがり》」といって、亡《な》くなられた天皇が火葬《かそう》されるまでの間《あいだ》、一緒《いっしょ》に添《そ》い寝《ね》をしたりします。そういう習慣まであって、本当に、日本神道《しんとう》に昔から存在する、ある種の秘伝、秘儀のようなものが、ずっと続いておりま す。

ですから、皇室のなかには、神道系の結界が張り巡《めぐ》らされているんですね。結界が、皇室中に、蜘蛛《くも》の糸のように、たくさん張ってあるので、歩くに歩けないというか、「どうやって、これを、よけたり、くぐったりしながら、進んでいけばよいのか、分からない」ということになりますと、だんだん、動けなくなり、引きこもってしまいます。

形で教わっている式次第《しきしだい》とは違う、〝心の式次第〟があるらしくて、これがよく分からないのです。

私の不勉強のせいで、「天皇陛下は日本の大祭司《だいさいし》だ」ということを理解していませんでしたが、実は、これが、今回の結婚において、私が不適応を起こした最大の理由ではないかと思っております。

そういうことを、結婚前に、きちんと教えてくださっていればよかったのですけれども、皇室外交ばかりを強調されたし、私について、「たぶん、外国からの受けがいいでしょう」というようなことを言ってくださる方も多かったのです。

皇太子さまは、とてもお優《やさ》しい方です。そして、二人ともオックスフォードへの留学経験があるため、私とは話が合うと思っておられるのですが、私は、あまり器用ではないので、皇太子さまの話題というか、ご関心に十分に適応することができません。

私の場合、どちらかといえば、経済や政治、外交関係など、実務のレベルでの話題のほうに関心がございますけれども、そうした、生々《なまなま》しい、実務にかかわる話には、雲の上の方々に通じないところがあり、「皇太子さまの話題に十分に適応することができない」ということが残念でございます。

綾織　本当に心中をお察しいたします。

美智子《みちこ》さまや紀子《きこ》さまのように振《ふ》る舞《ま》うのは難しい

綾織　皇室外交のところで期待されていた雅子さまが、「十分に発言できない」ということになりますと、将来、皇后としての役割を担《にな》われる際にも、非常に厳しい状況《じょうきょう》が続いてしまうのではないかと思います。

雅子さまは、今後について、どのようにすればよいとお考えなのでしょうか。

雅子妃守護霊　マスコミがとても厳しゅうございますので、本当に行動に制約があって自由になりません。

一般《いっぱん》の方々のように里帰りが簡単にできるわけではありませんし、悩《なや》み事を友達に打ち明けることが簡単にできるわけでもありません。

また、身内といいますか、家族も、東宮御所《とうぐうごしょ》を訪れて、私に会うことが、そんなに簡単にできるわけでもありませんので、本当に孤立《こりつ》している状態でございます。

だから、「偉《えら》くなることは、これほど大変なことなのか」ということを、つくづく感じます。

それと同時に、何と申しますか、美智子《みちこ》さまとの関係においても、多少の不適応がございます。

本来、美智子さまは、自分への応援《おうえん》部隊の一人として、私をお招きくださったのだと思うのです。「民間の血が入ることで、自分の味方が増える」というお考えでした。また、美智子さまには、才媛《さいえん》を愛する傾向《けいこう》がおありですし、ご自身も御才媛であられるので、そのようにお考えになられたのだと思います。

ただ、アメリカ流の英語頭脳の持ち主である私と、聖心《せいしん》女子大で、英語教育とともに、きっちりと、しつけをお受けになられた美智子さまとでは、やはり違いがあります。

美智子さまのように、「清楚《せいそ》な言葉を使い、楚々とした振《ふ》る舞《ま》いを続ける」ということが私にはできません。

秋篠宮《あきしののみや》さまのほうが先に御成婚をなされたので、皇太子さまは、「紀子《きこ》さま以上の女性とでなければ結婚できない」とお考えになり、それでお相手が私になったのだそうでございます。

紀子さまのような、ああいった、（ため息をついて）学習院出身の方は、もう、もう、もう、私どもから見ると、驚愕《きょうがく》するような方で、何といいましょうか、アメリカ人であれば、たぶん、百人中、九十九人は、「学習院は卒業できない」と思うのでございますけれども、紀子さまは、とても神秘的な生き方をされていらっしゃるし、また、その神秘的な生き方が尊敬を受けてもいるようです。

私は、美智子さまと紀子さまという、日本的で優《すぐ》れた二人の女性に挟《はさ》まれまして、本当に、外国人が日本に来て、「玄関《げんかん》で靴《くつ》を脱《ぬ》いでください」と言われているような感じを受ける日々が、ずっと続いている状態でございます。

雅子妃には「キリスト教文明の価値観」が入っている

綾織　皇室は本当に日本の中心であると思うのですが、先ほどのお話にありましたように、「祭祀のところが、なかなか、うまくいかない」ということになりますと、日本の国自体の未来においても、やや不安視されるところがあるかと思います。特に、保守系の方々からは、「次の天皇陛下の代は大丈夫《だいじょうぶ》か」というような話も出ております。

雅子さまは、将来、皇室を担っていく際に、そのへんに関しては、どのようになさっていこうと考えておられますでしょうか。

雅子妃守護霊　美智子さまの母校の聖心女子大はキリスト教系の学校でございますので、美智子さまの御成婚のときにも、「キリスト教系の学校出身者で皇室は大丈夫か」ということが、ずいぶん議論になったそうでございます。

ただ、「本人はキリスト教の信者ではないので、問題はない」ということになり、聖心女子大も、「喜んで送り出させていただく」という姿勢だったので、美智子さまはスマートに皇室に入られたのです。

アメリカの学校で学んだ者については、いちおうキリスト教文明の洗礼《せんれい》を受けていると考えてよいでしょうが、私は、「キリスト教型の教育思想がバックボーンにある教育を受けた者ではあるが、美智子さまの例があるので大丈夫だろう」と思われていました。

ただ、私の場合には、価値判断等のなかに、おそらくキリスト教文明の価値観が入っているのだと思うのです。私が学校で教わった、正義論にかかわる価値判断等においてもそうです。

特に、外交に関しては、先の太平洋戦争等についての考え方も、アメリカ流の政治学で学んでおりますので、「それを消し去り、日本神道の神々のお考えを学べ」と言われても、いったん学んだものは、なかなか抜《ぬ》けがたいものでございます。

私は、「戦争中にアメリカ側が行《おこな》ったプロパガンダ（宣伝）の延長上にある教育」を受けてしまったのですが、皇室で過ごすには、要するに、自分のいちばん自慢《じまん》とするものを否定しなければならないわけです。ある意味では、自己否定を行い、それを表《おもて》に出さないようにしないかぎり、皇室とは、なかなか適合しない関係だったのではないかと思います。

ピアノ線で引っ張られているピノキオのような気分

雅子妃守護霊　「日本の保守系の方がご心配なさっている」とのことですけれども、それは、「私が自由に発言し、判断するようになれば、私のそういう面が出てくるのではないか」と考えて、ご心配なされているのかと思います。

記者会見を開いたり、外国の方と話《はなし》をしたりする際に、私が自由に話すと、私のほうが皇太子殿下以上に話してしまうこともございますので、「そういう意味でのリーダーシップを発揮されると、日本では困るのだ」ということかなと思います。

したがって、このまま私が皇室の一員を続けていくためには、もう、貝のように黙《だま》っている以外に方法がないのです。

また、以前、こういうことがございました。

阪神《はんしん》・淡路《あわじ》の震災《しんさい》がありましたときでしたか、ちょうど、どこかに皇太子殿下と一緒に行ったのでございます。

そういう場合の私の服装は、だいたい一カ月も前から決まっておりますが、そのときには、ピンクの服を着て、白手袋《しろてぶくろ》をつけ、笑顔で手を振っている映像がテレビで流れたので、「震災があったにもかかわらず、不謹慎《ふきんしん》だ」という批判をかなり受けました。

震災地のお見舞いに行ったのなら、そんな振る舞いはしませんが、「被災地《ひさいち》とは離《はな》れているので、関係がない」と思っていましたし、衣装《いしょう》は私自身が決めるわけではなく、先刻、決まっていたのです。

ところが、「ミッキーマウス的な笑い方をする」という批判を受けたため、すごく傷つき、人前に出ることに対して、臆病《おくびょう》になりました。

昨年（二〇一一年）の震災に対しては、何度か、お見舞いに行きましたが、「地味にすることを心掛《こころが》けるなどの点で、アメリカ文化が、どれほど洗練されていないか」ということを、私は本当に痛感いたしました。これは、アメリカ文化の浅さ、アメリカの歴史の浅さによるものなのかなと思います。

日本には、そうした「物忌《ものい》みの文化」において、けっこう複雑なレベルがあるようですが、「こういうときには、どんな表情をし、どんなしぐさをすればいいいか。使っていい言葉と悪い言葉は、どんなものか」ということの教科書が、そんなに簡単にあるわけではないのです。

美智子さまは、そういうものが本能的にお分かりになる方のようでございますが、私には分からないことが多くて、何だか、自分が、ピアノ線で引っ張られているピノキオになったような気分、そうしたおもちゃかロボットになったような気分にもなるのです。

5　「贖罪《しょくざい》史観」をどう考えているか

雅子妃の父は「東京裁判史観」を受け入れている

綾織　一つ気になったことがございます。

アメリカ流の歴史観として、「東京裁判史観」がありますけれども、雅子さまのお父様である小和田《おわだ》恆《ひさし》氏は、この東京裁判史観を基本的には肯定《こうてい》されています。

雅子妃守護霊　ええ、ええ。

綾織　これをもっと突《つ》き詰《つ》めて考えていきますと、天皇陛下の戦争責任ということも、考え方としてはありますし……。

雅子妃守護霊　父は国際法学者でございますので……。

綾織　はい。そこで、「もしかしたら、雅子さまも、天皇陛下の戦争責任のような考え方を、持っておられるのではないか」と想像してしまうのですが……。

雅子妃守護霊　国際司法裁判所でしたか、あちらのほうにもお世話になりましたので、父は、憲法や国際法の解釈《かいしゃく》においては、ある意味で、一つの権威《けんい》ではあるのでございましょう。だから、国際法的見地からの、先の大戦観を、お持ちではあっただろうと思います。

私は、幼少時に、ソ連にもいましたし、アメリカにもいましたが、どちらも、日本のことを、歴史的にも政治的にも、戦争に関しては、よく言っていないので、父の頭のなかにも、そういうところはあったかもしれません。

うーん。そうですねえ、私は、今、本音を言えない立場にあるので、何とも言えないのですけれども……。

私は、日本に適合できるように、いちおう日本の大学に入り直したのですが、在学中に外交官試験に合格したため、少し学んだだけで終わりになりました。

東大であっても、どうでしょうか、やはり、法解釈上は、かなり欧《おう》米《べい》流になっていたのではないかと思いますので、先の皇国史観的な考え方が学問的に認められているとは思えませんでした。だから、微《び》妙《みょう》ですけれども……。

父の考え方は、別に、極端《きょくたん》な左翼《さよく》ではございませんけれども、戦後をリードした思想は、「日本が悪い」という贖罪《しょくざい》史観でございましたので、東大や外務省系の教育も、憲法解釈や政治に関する見方の面では、やはり、それに染まっていたであろうと思います。

天皇を〝悪魔《あくま》を祀《まつ》る酋長《しゅうちょう》〟と考えていたアメリカ

雅子妃守護霊　これは非公式な言い方にはなりますけれども、ここ二十年余り、皇室でも大川隆法さんの本は読まれているのです。それで、「違《ちが》った考え方もありうる」ということを、少しずつ受け入れようとはしているのですけれども、幸福の科学的な思想は、まだ、マスコミ等の主流にはなっていらっしゃらないので……。

私どもとしては、「霊的《れいてき》な統一」という意味においては、「幸福の科学的な、『日本の神々も、きちんとした神々であり、高級霊《こうきゅうれい》であったのだ』という思想が、しっかりと国民の間《あいだ》に定着し、マスコミもそれを否定しない」というかたちになれば、皇室そのものは、もう少し安定すると思うのですけれども、まだ、表向きは、その思想が通用し切ってはいないだろうと思います。

だから、アメリカの政治外交史的に見れば、本当は、「日本の神々と称《しょう》していた者は悪魔《あくま》だった」ということになっているのだろうと思うんですね。私は、アメリカの友達から見れば、「悪魔を祀《まつ》っていた酋長《しゅうちょう》の長男に嫁《とつ》いだ、ハーバード卒の日本人」という位置づけになるんですよね。

これについては、私の力では、いかんともしがたいので、価値観のところが、もう一段、変わってくればいいと思うのです。

皇室も、思想戦のところで、正邪《せいじゃ》を引っ繰《く》り返すことができないでいるため、イメージ的なところで、「開《ひら》かれた皇室」「国民と対話できる皇室」「外国に出られる皇室」というようなことを示し、何とか国民に親しみを持ってもらい、その存在を認めていただこうと努力しています。

天皇陛下は、最近、ご病気をなさいましたけれども、あのお年であっても、すごく精力的にお働きになっておられます。そうした、一生《いっしょう》懸命《けんめい》に働いておられるお姿には、「何とか国民に信任していただきたい」というお気持ちがにじみ出しております。

しかし、私たち、跡《あと》を継《つ》ぐ者のことが、今、記事になると、よい内容の記事になることが、ほとんどございません。

その意味では、国民に対して、「本当に申し訳ない」と思っています。この場を借りて、「たいへん申し訳ない」と言っておきたいと思います。

綾織　ありがとうございます。非常にお話しされにくいなかで、できるかぎりのお答えを頂きました。

6　御成婚《ごせいこん》をめぐる霊界《れいかい》事情

過去世《かこぜ》では、白人文化系の国に生まれている

金澤　本日は、お目通りがかないまして、本当に光栄です。ありがとうございます。私《わたくし》は、幸福の科学の金澤と申します。

雅子妃守護霊　はい。

金澤　幾《いく》つか質問をさせていただきたいと思います。よろしくお願いいたします。

雅子妃守護霊　はい。

金澤　お話を伺《うかが》っていまして、一人の女性として、私も胸が痛くなるような思いがいたしました。おつらいことと存じますが、責任の大きさに、本当によく耐《た》えていらっしゃると感じました。心から、ご尊敬申し上げます。

先ほど、「日本に生まれたのは今回が初めてである」ということや、「皇室のなかに日本神道《しんとう》の結界が張り巡《めぐ》らされていて、非常に入りにくく、動きにくい」というお話がございました。

雅子さまは、ご幼少のころから、海外での暮らしが長かったわけですが、ご自身の信仰《しんこう》といいますか、どのような神様を信仰されているのでしょうか。あるいは、信仰されていたのでしょうか。

雅子妃守護霊　うーん……。丁寧《ていねい》にご質問くださっているのは、本当によく分かるのでございますけれども、すべて、皇室では御法度《ごはっと》の質問ばかりでございます。宮内庁《くないちょう》を通して、「一切《いっさい》お答えできません」

というお返事しかできないような質問ばかりでございます。

ですから、お答えするのは本当につろうございますけれども、「日本に生まれなかった」ということは、「外国に生まれた」ということでございます。

もう、差《さ》し障《さわ》りがあることばかりでございますので、本当に本当に、つろうございますけれども、まあ、外国といいましても、私《わたくし》を見ればお分かりのように、「どちらかといえば、欧米《おうべい》系、すなわち白人文化系の所を転生《てんしょう》した」と推定なされるのではないかと思います。

ということになりますと、「キリスト教が多かった」ということがお分かりになるのではないかと思います。

ですから、魂《たましい》のなかに、キリスト教的文化がかなり入り込《こ》んでいることは、事実です。

そのため、私は守護霊でございますけれども、高天原《たかまがはら》に入るのが大変なのでございます。日本の結界もけっこう厳しい結界なので、どうにかならないでしょうか。本当に困るのです。

日本は島国なので、日本だけで転生なされた方もそうとう多《おお》ございまして、「純日本人」という方が高天原には本当に多ございます。もし私が外国人の顔をして来ると、やはり、「先の戦争で何か悪いことをしたのではないか」というような顔で見られることがありまして、とても、とても、つろうございますね。

皇室入りは天上界で計画した「今世の使命」だったのか

金澤　「霊界《れいかい》において、そのように大きなギャップがあった」ということは、この世においても、いわば海外から日本に嫁《とつ》いだようなカルチャーギャップがあったのではないでしょうか。

雅子妃守護霊　ええ、ええ。

金澤　幸福の科学では、「人生には目的と使命がある」と教わっておりますが、雅子さまは、今世《こんぜ》の使命として、どういうことをご計画されていたのでしょうか。

初めて日本にいらしたのは、何かご使命がおありだったからではないかと思うのですが、どういうお仕事をなされようとして、日本へ来られたのでしょうか。

雅子妃守護霊　神々のお心には十分に忖度《そんたく》しかねるものがございますけれども、うーん……。

まあ、「純日本的で国粋《こくすい》主義的な考え方をしていた皇室に私を入れることによって、皇室を、多少なりとも欧米の文脈で物事を考えられるようなものに変えよう」という、そういう外圧の一人として入ったのかなと思っております。
〝黒船の五隻目《ごせき》〟といったところでしょうか。

金澤　そうしますと、それをご計画された方は、どなたなのでしょうか。

雅子妃守護霊　うーん、うーん、うーん……。
まあ、先の終戦後、今上陛下《きんじょうへいか》は、外国人の女性から英語教育をお受けになりましたし、憲法解釈《かいしゃく》についても、十分に、日本の反省をふまえた御進講《ごしんこう》を受けておられます。

それから、美智子《みちこ》さまにおかれましても、やはり、聖心《せいしん》女子大的な価値観を一部、本当は受け継《つ》いでおられると思います。

つまり、「明治天皇から始められた皇室の洋風化が、やはり不徹底《ふてってい》だった」とお考えになられ、さらに終戦後、「純粋な意味での欧米化をもう少し徹底しよう」とお考えになった方がいらっしゃるのではないかと思われます。

ですから、「天皇皇后両陛下は、おそらく、（結婚《けっこん》に）ご反対はなされていなかったのではないか」と推測しております。

ただ、「宮内庁とか、その他の識者の方がたのなかには、ご心配なされていた方が多かった」ということはございましたね。

したがいまして、「誰《だれ》が決めたのか」と言われても、ちょっと困るのですけれども……。そういう言い方は困るのですけれども……。

やはり、結婚は両者の合意によって成り立ったものでございますので、「誰が決めたのか」と言えば、それは、「皇太子殿下がお決めになった」ということで、私のほうは、それをお受け申し上げただけでございます。

父のほうは、「過去は過去として、いろいろあるけれども、日本国民としては、めでたいことではないか」という気持ちを、お持ちであったのではないかと思います。

皇室ということになりますと、なかなか親戚《しんせき》付き合いもできません。娘《むすめ》であっても敬称《けいしょう》で呼ばなければなりませんし、妹たちともそう簡単に交流できなくなります。また、親戚一同にまでそうとうな緊張《きんちょう》を強《し》いることになりますので、家族のほうは、みな、大変だったのかなあと思います。

力足りず、徳足らずして、皇室を盛り上げ、日本国民を鼓舞《こぶ》するところまで行かなかったことを、この場を借りて、「申し訳なかった」とお詫《わ》びいたしたいと思います。

金澤　お答えいただき、ありがとうございます。

日本神道《しんとう》の神々が「お妃候補《きさき》」に推《お》していた女性とは

金澤　「『皇室の洋風化を目指したい』と思われた方がいらっしゃった」とのことですが、この世ではなく、霊界において、そのように計画された方がいらっしゃるのでしょうか。

例えば、日本神道《しんとう》系のかなり高位にいらっしゃる神々、あるいは、主エル・カンターレに帰依《きえ》する神々が、そのような計画を立てられたのでしょうか。

そのあたりの霊界事情については、お分かりになりますか。

雅子妃守護霊　厳しいご質問ですねえ。うーん……。

宮内庁の方が同席したら、もう、本当に、一言《ひとこと》もお答えすることができないような、ご質問ばかりでございますので……。

日本神道の神々は、私を推《お》してはいなかったのではないかと思っております。おそらく、伊勢神宮《いせじんぐう》に関係する方のほうを推しておられたのではないかなと、私《わたくし》のほうは推定しております。そのほうが、たぶん霊的には調和なされたのではないかと思うのです。

しかし、皇太子さまが、「紀子《きこ》さまよりも、周りからご尊敬を受けるような方がふさわしい」と強く主張なされて、譲《ゆず》られなかったのです。

私も、本当に恐縮《きょうしゅく》ながら、皇室のテニスなどにお呼ばれして、皇太子さまの周りに姿を見せる若い女性たちの一人には入っていたのでございます。しかし、内々《ないない》に打診《だしん》があったものの、オックスフォードに行く前には、いったん、ご辞退申し上げました。

それで、留学生活を楽しんでいたのでございますが、あるとき、マスコミからの取材に対して「一切、そのような事実はございません」と厳しく言ってしまったために、マスコミとの関係が非常に険悪になったこともございますけれども……。

うーん。本当は、生きている人間としての、私自身の人生の予定にはなかったので、衝撃《しょうげき》の未来ではあったのでございます。

一方、「霊界的にはどうか」ということですが、私も、「日本神道の神々のすべてが、どうであったか」については掌握《しょうあく》しかねておりますけれども、おそらく、伝統的な日本神道系の神々は、もう少し日本神道的な魂を推《お》しておられたのではないかと思われます。

ただ、秋篠宮《あきしののみや》さまが結婚をお急ぎになられたために、徳仁親王《なるひとしんのう》は、選択《せんたく》的に、たいへん厳しい境地になられました。

あちらの結婚が先にならなければ、皇太子さまは、学習院の卒業生から選ぶことができたと思うのです。学習院の卒業生から選ばれるにしても、紀子さまの後輩《こうはい》とかに当たってしまったら、また非常に難しい関係になりますのでね。その結果、選択肢《し》がすごく狭《せば》まってしまったのではないかと思われます。

だから、秋篠宮さまが少しお待ちくださっていれば、選択肢はもう少しあったのではないかと思うのですけれども、あちらの結婚のほうが優先《ゆうせん》されたために、すごく苦しくなり、「紀子さまよりは年上で、紀子さまよりも格上に見える女性」というような条件が付いてしまったわけです。

さらに、皇室会議がかかるような結婚でございますので、普通《ふつう》の方では、そう簡単に耐えられるものではございません。

小和田恆氏《おわだひさし》が外務事務次官になれたこととの関係

雅子妃守護霊　また、父（小和田恆氏《おわだひさし》）がたまたま役人をしていたので、「内閣から、いろいろな圧力をかけやすい」ということもありました。

まあ、こういう言い方は卑怯《ひきょう》かもしれないし、人聞きが悪いかもしれませんが、とにかく、父には、「時代によっては、人身御供《ひとみごくう》を出さなければいけないこともあったのだ」というような言い方もあったと間接的には聞いております。しかも、「役所における処遇《しょぐう》とも連動してくる」という圧力もあったかのように伺っております。

それが当たったのかどうかは知りませんが、確かに、父は、その後、外務事務次官になりました。

本来は、なれなかったはずだと思います。父は、東大の法学部卒ではなく、教養学部卒だったので、本来は外務事務次官になれないはずですけれども、なぜか外務事務次官になりました。

それは、私の〝人身御供効果〟があったからではないかと思われますが、その代わりに、娘が結界で苦しむことになったのかなと思います。（著者注。〝人身御供〟という言葉は、私自身の貧困《ひんこん》な語彙力《ごいりょく》のなせる業《わざ》で、雅子妃守護霊は〝アドヴァンティジ〟という英語が念頭におありであったようで、大川誤訳、あるいは意訳と考えてくださって結構です。）

7 「皇室の未来」について想うこと

イギリスのエリザベス女王のようなあり方には憧《あこが》れる

金澤　私《わたくし》から、もう一つ、質問させていただきます。

二〇一一年十一月、ブータンの国王夫妻《ふさい》が日本にお見えになり、非常に歓迎《かんげい》されました。

今、世界には、幾《いく》つか王室がございますが、雅子さまからご覧になって、どの王室に親近感を持たれますでしょうか。

「愛子《あいこ》さまに、どのようにお育ちになってほしいか」ということも含《ふく》めまして、お話しいただければありがたく思います。

雅子妃守護霊　うーん……。率直に申しまして、王室というのは、どこも、みな、苦しいのではないかなと思っております。

まだ百パーセントすべての国が民主主義社会になっているわけではありませんが、基本的に、王室というのは、本来的には民主主義から遊離《ゆうり》したものであり、その正当性を説明するのは難しいのです。

やはり、王室は、「伝統文化の一部」として存在するというか、「国民の求心力」や「国の歴史を体現しているもの」として存在を許されているものなので、近代の政治・法律的なシステムから見ると、王室という存在には、なかなか厳しいものがあるのかなと思っています。

私も、民主主義教育を受けた者でございますので、やはり、このへんの違和感《いわかん》自体は持っております。

だから、「手本にするようなところがあるかどうか」と言われましても……。

まあ、ブータンの国王夫妻はたいへんな美男美女のカップルでいらして、人気もあるようでございますけれども、私の場合、日本の皇居に住むのでも大変なのに、「ブータンに住め」と言われたら、とてもとても住むことはできないと思います。また、「タイの王室に住め」と言われても、ちょっと無理のような感じはいたします。

せめて、何となく憧《あこが》れるのは、イギリスのエリザベス女王でしょうか。あのような感じは悪くないかなと思います。

エリザベス女王には、明らかに、「一種の象徴《しょうちょう》ではあろうけれども、国民にインフルエンス（影響《えいきょう》）を与《あた》えて、一定の仕事をなさっている」という感じがいたしますので、私も、あのように、「国の輝《かがや》き」といいますか、「王冠《おうかん》」といいますか、何か国の格が上がるような感じで存在できるならばうれしいなとは思っております。

決して、民主主義制度から憎《にく》まれるような皇室であってほしくはありません。

「徳が足りない」と責められることを皇室は恐《おそ》れている

雅子妃守護霊　平成の世になってから、不況《ふきょう》が続いておりますし、天変地異もありましたし、政治も非常に乱《みだ》れております。

みなさまがたは、「民主党の政治が悪い」と言っておられると思いますけれども、これは、中国的に言えば、「天子《てんし》に徳が足りないからだ」ということになります。

中国の「天子」は日本の「天皇」に当たるわけなので、皇室が最も恐《おそ》れているのは、やはり、「天皇の徳が足りないのではないか」と責められることです。あるいは、無言のうちに、直感的に、そのように感じる国民が増えることを、皇室はいちばん恐れております。

一生懸命《いっしょうけんめい》、頑張《がんば》ってはいるのです。ものすごくよく働いて、医者が「無理をなされないように」と言われるぐらいまで頑張っておられるのです。

天皇陛下におかれましても、心臓のバイパス手術をなされたにもかかわらず、積極的に外国を訪問されたり、そうとうご無理をなされていますけれども、それは、皇室の危機感の表れの一つかと思います。

本当のことを言えば、私が、日本語の学習をもう少し精密にできなかったことが、すべての原因なのかもしれません。

私が、そのへんのことをきちんとできて、皇太子さまと一緒《いっしょ》に皇室外交をこなせれば、当然、天皇陛下がご病気のとき等には、その代わりをすることもできたはずです。それが、本来の、結婚《けっこん》のときの誓《ちか》いであったと思います。

その分が、天皇皇后両陛下のご負担になっているような感じがしております。また、皇太子殿下《でんか》のご負担にもなっていると思っております。

皇太子殿下も、私が、「（雅子さんのことを一生全力で）お守りします」と（いう皇太子殿下のお言葉を婚約内定の記者会見で）言ってしまったために、もう十分に攻撃《こうげき》をお受けになられたにもかかわらず、その後、私が孤独《こどく》なプリンセスのようになっているので、「守れなかったのではないか」という非難のようなものを全身に受けておられます。日々、「自分は言葉を守れなかったし、皇室外交もできなかったではないか」というような責任を感じて、重い気持ちで生きておられるのではないかと思います。

男子を産めなかったことで「国の乱《みだ》れ」が起きるかも

雅子妃守護霊　まあ、愛子に関しましては、うーん……、やはり、重いだろうと思いますね。

この仕事は重いし、もし、「女性天皇でもいい」ということになったとしたら、うーん……、「心身的に受け切れないのではないか」と感じますね。それほど神経が頑強ではないので、難しいのではないかと思われます。

さらに、「男子優先《ゆうせん》で、やはり、秋篠宮《あきしののみや》家のほうに重点が移っていくべきかどうか」ということがもととなって、ちょっと、「国の乱《みだ》れが起きるかもしれない」とも感じられて……。

まあ、すべて、私が原因で起きていることのように感じられますので、たいへん申し訳ないと思っております。

本来、私は、「外国の方と、にこやかに英語で会談しているような姿をテレビなどに流して、皇室の権威《けんい》を高めることができれば」と願っていた者でございますので、その点、たいへん申し訳なく思っております。

また、「皇室に嫁《とつ》いだ者にとって、『男系の子孫《しそん》を遺《のこ》す』というのが、最大の義務であり、仕事だ」ということでありましたら、すなわち、（皇太子妃の）必要十分条件が「男の子を産む」ということでありましたら、ハーバードを卒業したり、東大に入ったり、外交官試験に受かったり、オックスフォードに留学したりしたキャリア女性としての私は、やはり、あまり好条件ではなかったのではないかと思われます。

「働いた経験がない」ことも皇太子妃の条件だった

雅子妃守護霊　そもそも、皇太子妃になるための条件には、「働いた経験がない」ということも入っていたのです。

要するに、民間で働いて……、まあ、民間だけでなく、公務員でも同じですけれども、「俗世《ぞくせ》で働いて、同僚《どうりょう》や上司がいる女性だと、国のトップになるときに障《さわ》りが出る」ということで、本来、私は、条件的に引っ掛《か》かっていたのでございます。

例えば、外務省には、私の元同僚あるいは元上司の外交官等がおります。私が皇室入りしてトップになった場合に、元上司なる者が、局長なり次官なり、いろいろな役職を持って仕事をしていたとしても、皇室の意向で国の政局が左右されるようなことがあってはなりません。

すなわち、内閣の考えではなく、皇室の考えや意向によって、「こと条約を結ぶ」とか、「ここは敵対する」とか、外交関係がいろいろと左右されるようなことが起きてはならないわけです。

私は、「働く女性であってはならない」というタブーを破ってしまい、民間というか、在野《ざいや》というか、給料をもらう者の意識を吸い取ってしまったので、このへんも、うまくいかないところだし、その結果、宮中に勤めておられる人々から、いろいろと非難を浴びているのかと思います。

美智子《みちこ》さまのときにも、「母乳で育てるのは民間のやり方だ」ということで、周りからずいぶん非難をお受けになったようでございます。母乳でお育てになられたり、手料理をおつくりになられたりしたことが、ずいぶん非難されたようで、そういう悔《くや》しさもあって、「皇太子妃を民間から入れて、自分で教育したい」という気持ちをお持ちだったのだと思うのです。

ただ、私《わたくし》には、美智子さまのような徳が備わっておりませんでして、逆に、足を引っ張ってしまったことを申し訳なく思っております。

側室《そくしつ》を置かなければ「男系天皇」は続かない

雅子妃守護霊　「愛子が、イギリスの女王のようなかたちになれるか」というと、やっぱり厳しい。そうとう厳しいかなと思います。

その場合、秋篠宮家との関係が微妙《びみょう》になるだろうし、おそらく、将来的には……。

でも、秋篠宮家のほうに重点が移るとすると、マスコミの目も、また厳しくなってくるでしょう。秋篠宮さまは非常に自由な方でございますので、秋篠宮さまに対する風当たりも強くなろうし、紀子《きこ》さまが思わぬ逆風を受けることもあろうし、お子様がたにもいろいろな批判が当たるようになるのではないかと思われます。

皇太子と、そうでない者との分け隔《へだ》てはそうとうありまして、皇太子および皇太子妃への風当たりは、もう全然違います。今まで、自由にやれて、非難を受けなかった方が、そういう立場になると、非難を受けることもあります。

だから、私も、「民間のように離婚ができるのであれば、そのようにして差し上げて、皇太子さまに、もっといい方を娶《めと》っていただいたほうがよいのではないか」と悩《なや》んだこともそうとうございますし、「公務を十分に果たせないまま、皇后陛下になっていいのかどうか」

ということに対しては、もう十分な自責の念がございます。

「病気で死んでしまうのが、世の中に対して、いちばん迷惑《めいわく》がかからないのかな」と、自分を責める気持ちが縷々《るる》湧《わ》いてまいりますし、「病気にでもなって亡《な》くなれば、誰《だれ》の責任にもならなくていいかな」と、繰《く》り返し思う日々もございます。そのせいで、体調が優《すぐ》れないことが多いのではないかと思っております。

何らかの誤解で、「大成功する」と思ったものが、「しなかった」という結論になってしまって、皇太子さまに申し訳ないと思います。

皇室では、本当は、側室《そくしつ》を置いてもいいことになっているはずなのに、マスコミが厳しいために、今、そういうこともできないでしょう?

例えば、明治天皇にも、愛された皇后陛下はいらしたけれども、ご側室をもらわれて、大正天皇がお生まれになり、そのお子様が昭和天皇で、それから今の天皇陛下となられていらっしゃいますので、本来であれば、何らかのことを考えるべきときなのかと思うのです。

ただ、民主主義とマスコミの強い世の中では、そういう日本の伝統的な文化も、おそらくは非難の対象になるだろうと思います。

私のように、民間ではないのかもしれませんが、外で働いていたような女性は、本来、正妻になるべきではなく、日本の皇室の伝統から見れば、側室になるべき存在です。やはり、「神道《しんとう》系の方が正室になるべきであったのではないか」と思われます。

「皇太子さまが、私のことをお好きでしたのなら、側室にもらわれたらよかったのではないかな」と感じる次第《しだい》です。

今の世の中は、批判がとても厳しく、結果平等を求めますので、そういうことも、皇室の伝統であるにもかかわらず、スキャンダルとして報道されましょうから、おそらくできないだろうと思います。

やはり、天皇家が百二十五代続いた理由は、「男子ができるまで結婚を続けていた」というところにございます。それが実態ですので、「国体として、男系天皇を続けるのであれば、やはり、男子を産める女性をおもらいになるべきかな」と、私《わたくし》は思っております。

ですから、「病気になって死ぬか。自殺して、『病気で亡くなられた』と発表してもらうか」というように悩んだことも、ずいぶんございます。

今後の運命については、もう天に任せるしかないのでございますが、「私がマリー・アントワネット役になってしまうのかな」と思ったりすることもあって、たいへんつろうございます。

「贖罪《しょくざい》史観」から脱すれば、皇室は気楽になれる

雅子妃守護霊　マスコミの方がたも、かなり変わられたのではないで

しょうか。

私は、日本のマスコミのことをそんなに知っているわけではないので、よくは分からないのですけれども、マスコミの方がたも、かなり欧米《おうべい》化なされて、「霊的《れいてき》なものや、神格《しんかく》のある者等に対しても、全然気にせずに、庶民《しょみん》と同じ感覚で批判する」というのが主流になってきたので、やはり、このへんに問題があると考えております。

幸福の科学の存在自体は、皇室でも、みなさん、よく存じ上げておりますので、そうした霊的なものや、「日本の神々に、正義の人、良心の人、智慧《ちえ》の人等もいらっしゃること」などを明らかにしていただいて、贖罪《しょくざい》史観から日本を脱出《だっしゅつ》させるお力になってくだされば、皇室は、もう一段、気楽になれるのではないかと思われます。

昨年の大震災《だいしんさい》以来、天皇皇后両陛下はいろいろな所へ行かれておりますが、体育館等で慰問《いもん》されたりしているお姿を見るたびに、私は本当に申し訳なくて……。

かなりご高齢でいらっしゃるし、体調もお悪かったのに、旧弊《きゅうへい》が働いていると言いますか、「そういうふうにして見せなければいけないのだ」という不文律のようなものが、皇室のなかに流れているので、私は、「昭和天皇のときのような権威が戻《もど》ってくればよいのだけれどもなあ」という感じを受けています。

金澤　お答えしにくい質問をしてしまいまして、申し訳ございません。

8　幸福の科学をどう見ているか

本地川　最後に、一つだけ、お訊《き》きしたいことがございます。

　今、日本には、主エル・カンターレが下生《げしょう》され、国師《こくし》として、また、ワールド・ティーチャー（世界教師）として、日本と世界の人々の幸福のために活動しておられますが、雅子妃殿下《ひでんか》（守護霊）におかれましては、主エル・カンターレに対して、どのようなお気持ちをお持ちでしょうか。それをお聴《き》かせ願えればと思います。

雅子妃守護霊　うーん……。右翼《うよく》の方も絡《から》みまして、「幸福の科学は、皇室と親和性のあるものなのか。皇室を廃止《はいし》するような勢力になるのかどうか」を、今、一生懸命《いっしょうけんめい》、見極《みきわ》めようとしているところなのではないでしょうか。

確かに、エル・カンターレの思想そのものを広げていきますと、日本の皇室を乗り越《こ》えてしまうと思うのです。

そういう意味で、今、「この思想は、国内での革命運動に発展していくものなのか。あるいは、そこまで行かないところでとどまるものなのか」ということを、いろいろな関係者全員が見ておられるのだと思います。

幸福の科学は、とてもよいことを言っておられると思いますけれども、「国体としての皇室」を、どのようになされようとしているのでしょうか。

それは、「そのときの国民全体の意識がどうなっているのか」ということとも絡むと思いますが、「幸福の科学は、この国を平安にするのか、不安定にするのか。あるいは、どちらに導いていこうとしておられるのか。そのご本心は、どのへんにあるのか」というようなところを忖度《そんたく》しかねているのです。

例えば、「皇室と縁《ゆかり》のある魂《たましい》も、幸福の科学に数多く関係している」

とも言われておりますが、それにも、よい場合と悪い場合の両方があると思うんですね。

よい場合であれば、「皇室と親和性がある」というように取られるでしょうが、悪い場合であれば、「皇室に代替《だいたい》可能だ」と自己主張しているように取れなくもないと思います。

ただ、皇室そのものは、日本国の連綿とした伝統の象徴《しょうちょう》でありますし、「全世界の幸福を求めて祈《いの》る神」が別に存在すること自体はあってもよいことではないかと私は思っております。

（幸福の科学には）先の大東亜《だいとうあ》戦争的な「八紘一宇《はっこういちう》」という考えとは少し違《ちが》うものがあるのではないでしょうか。

欧米型《おうべい》の思想を持った人々を説得できる力があって、なおかつ、日本の伝統的な保守文化を理解する人たちをも説得することができれば、およろしいのではないかと考えております。

私どものほうで「どうこうする」ということはございませんので、あとは、みなさまがたが、どういうお考えを持ってやられるかということでございます。

今のところ、権力筋のほうは、あなたがたの勢力がまだそれほど大きくないので、安心していると思うんですよね。

幸福実現党が第一党になりましたら、「いったい、どうするのかな」ということが、非常に重大な関心を呼ぶことになるだろうと思いますけれども、今のところ、マスコミが、そうさせないように、一生懸命、無視していらっしゃるようです。

まだ時間はあると思うので、「その間《かん》に、皇室がどのように立ち直るか」ということも大事なのかなと思っております。

本地川　本日は、まことにありがとうございました。

お答えいただきにくい質問や、不遜《ふそん》な質問がございましたことを、深くお詫《わ》び申し上げます。

大川隆法　（雅子妃守護霊に）どうもありがとうございました。

9　守護霊インタビューを終えて

皇室の「末永《すえなが》い繁栄《はんえい》」を祈《いの》りたい

大川隆法　うーん……。どうしても、答えられないような質問ばかりになってしまいますね。

これに対して、「本心をつかまれないように、全部、禅問答《ぜんもんどう》のように答えていく」というのは、なかなか大変なことでしょう。

「何を話しても、全部、問題になる」ということであれば、もう、表《おもて》に出ずに、何も話さないのが、いちばんよいわけです。

本地川　そうですね。

大川隆法　守護霊も言葉を選んでいましたが、例えば、「本人が答える」というかたちになったならば、答えるのがたいへんな質問が多かったのではないでしょうか。

今回の霊言《れいげん》には、テレビでも、新聞でも、週刊誌でも、スクープになるような内容が多かったと思いますが、できれば、悪い方向に使われないことを望みたいと思います。

国民は、やはり、皇室の不安がなるべく解消されることを望んでいますし、私も、「二千六百年以上続いている」と言われている皇室が、末永《すえなが》く繁栄《はんえい》なされることをお祈《いの》りしたいと思っています。

幸福実現党も、決して、左翼《さよく》的革命政党ではありませんし、古い伝統につながる者たちをみな滅《ほろ》ぼしてしまうロシア革命のようなものを目指しているわけではありません。

私たちは、地位のある者や高貴な者、成功した者を迫害《はくがい》したりするような思想は持っておらず、むしろ、そういう者を尊敬し、祝福する思想を持っているので、私たちの運動は、共産主義革命などとは同じではないのです。それを知っていただきたいと思います。

ただ、「日本政府が十分に活躍《かつやく》できていない」という現実に対しては、やはり、一定の不満を持っていて、この国を改革したいと考えています。

そのへんを理解していただければ幸《さいわ》いです。

本地川　そうですね。

皇室は民主党政権に対して違和感《いわかん》を持っている

大川隆法　今日、質問を漏《も》らしましたが、「民主党政権について、どう思っていますか」という質問もあっておかしくなかったと思います。まあ、これも訊《き》くに訊けない質問でしょうか。

私の想像では、皇室は、おそらく、民主党政権になってから、とてもやりにくくなっていると思いますね。

やはり、違和感《いわかん》がそうとう出てきているのではないでしょうか。映画「千《せん》と千尋《ちひろ》の神隠《かみかく》し」でいうと、〝カオナシ〟のようなものが侵入《しんにゅう》してきたような印象を受けているのではないかと思われます。

ただ、そう感じていたとしても、皇室としては何も言えないでしょうが、一種の左翼政権が始まっているので、危機を感じておられるのではないかと思います。

本地川　はい。雅子妃の守護霊さまのお言葉の端々《はしばし》に、民主党政権に対する違和感というか、そういうニュアンスは感じられましたけれども、単刀直入《たんとうちょくにゅう》には、お訊きしませんでした。

大川隆法　今の野田首相は、皇室に反対ではないかもしれませんが、少なくとも、民主党の支持母体や先の首相らには、かなり左翼らしいところがありましたのでね。特に、菅《かん》さんについては、本当は宮中に入れたくなかったのではないでしょうか。

それゆえに、菅政権と東日本大震災《だいしんさい》との連動には、ものすごいリアリティーを感じるのです（注。二〇一〇年六月二十二日、天照大神《あまてらすおおみかみ》の霊言を収録したところ、天照大神は、菅政権への不快感を述べるとともに、「神罰《しんばつ》が近づいている」と、天変地異を警告していた。『最大幸福社会の実現——天照大神の緊急神示《きんきゅうしんじ》——』〔幸福の科学出版刊〕参照）。

まあ、今後も、何が待ち受けているかは分かりませんけれどもね。

内閣等は「皇室の援護《えんご》」について考え直すべき

大川隆法　今日、雅子妃の守護霊インタビューを行ったわけですが、私は、決して、皇室を批判したり、貶《おとし》めたりするような意図は持っていません。「日本国民の心配している問題について、少しでも、一緒《いっしょ》に考えることができれば幸いである」と考えているのです。

もし、内閣等が皇室を十分に援護《えんご》できていないのであれば、そのへんについても考え直したほうがよいのではないでしょうか。やはり、「自治労の旗を持ってデモをしている人たちは、皇室を守ってくれないのではないか」と思うのです。

昨日、沿道で、人々が日の丸の旗を振《ふ》っている様子を見ましたが、その人数が少なかったのが、少しさみしかったですね。昔と比べて、かなり減ったように思います。「旗を振ってください」と言って、一《いっ》生懸命《しょうけんめい》、配っていたんですけれどもね。

皇室も、旗を振ってくれる人の人数が少なくなってきていることを、敏感《びんかん》に感じておられるのではないでしょうか。

それから、先導の白バイが明治神宮《じんぐう》の前で待機しているとき、その白バイを、カメラやケータイでバシバシ撮《と》っている人がいました。中国人観光客も一緒に歩いていたので、もしかしたら、中国人だったのかもしれませんが、私はそれを見て、率直に、「あのような行為《こうい》が許されるのかな」と思ったのです。昔であれば、「ちょっと……」と言われて、何か注意をされそうなものです。

あるいは、中国であれば、間違《まちが》いなく、どこかに引っ張っていかれるでしょう。今の日本では、先導の白バイや、その警官の顔写真を撮りまくっても、お咎《とが》めなしのようです。

ただ、このへんについても、やはり、多少の心得《こころえ》は要《い》るのではないかと思われますね。

「雅子妃の悩《なや》みの秘密」を解いた今回の霊言

大川隆法　今日の霊言は、昨日、「明治天皇百年祭」に先立って明治神宮を視察し、その感想を得て、トライしたものです。どのような波《は》及《きゅう》効果があるかは分かりませんが、雅子妃の悩《なや》みの秘密の一端《いったん》は解いたのではないでしょうか。

本地川　はい。ご本心を、いろいろと話していただきました。

大川隆法　「何をお悩みなのか」ということについて、霊的な面からも解いたのではないかと思います。

あとは、日本神道《しんとう》系の神々のなかで、助けてくれるような方と、お友達になることではないでしょうか。

本地川　そうですね。何か、飛び込《こ》めていない感じでした。

大川隆法　うーん、飛び込めていないですね。

これを機に、幸福の科学の本をお読みになられて、日本神道系の神々と少し交流を持たれるとよいと思います。

おそらく、雅子妃は、日本の古代の神々などに対するアメリカ的な偏見をお持ちなのではないでしょうか。

「伝統文化を重んじなければいけない」と思いつつも、それに対する否定的なものが、頭のなかに入っておられるのではないかと思うのです。

そうであれば、やはり、交流はうまくいかないので、一度、「日本神道系の神々も尊敬すべき存在である」ということを勉強されたらよいのではないでしょうか。

その意味では、当会の霊言集等を勉強なされたらよいと思います。

美智子《みちこ》皇后《こうごう》も、二十年以上前から、当会の霊言集等をお読みのはずですしね。

まあ、今回の霊言では、「要するに、皇室の人々も一種の宗教家である」ということが、はっきりしたと思います。

本地川　はい、そうですね。

大川隆法　宗教家としての姿を隠して、行動し続けるのは、やはり、大変なことなのでしょう。「それを知らずに結婚《けっこん》なされた」というところが、悩みの根本原因であるわけです。

本地川　今回の霊言が本として発刊されることで、そのあたりが、よい方向へ動いていくでしょうし、私たちも、国民を啓蒙《けいもう》できるよう、しっかりと取り組んでまいりたいと思います。

大川隆法　右翼の方の〝ご挨拶《あいさつ》〟もあるかもしれませんが。

本地川　ええ（苦笑）。

大川隆法　繰《く》り返し申し上げますが、私には、決して、皇室を軽《かろ》んじる気持ちはありません。

私は、むしろ、右翼が、皇室と神々の直結を信じていないことに対し、「戦後の唯物論《ゆいぶつろん》教育を受けすぎている。右翼のほうが、少したるんでいるのではないか」と思っているのです。

「『天皇家は、日本の神々の子孫《しそん》である』ということを、はっきりと言えるような右翼でなければならない」と、逆に、右翼のほうを説教しておきたいと思います。

本地川　はい、分かりました。本日はありがとうございました。

あとがき

本書の核心は、雅子さまのご心痛の元が、日本神道の神々との霊的交流が円滑でないことを発見したことである。

真実は、日本神道の神々も、世界の神々も、高次霊界では、友好関係を築こうと努力されているということである。

私の刊行している数々の本がそれを証明している。日本の天皇は、天照大神《あまてらすおおみかみ》のご子孫である。それを確信することで、国としての強さが生まれるし、また、自虐史観《じぎゃくしかん》に打ち勝つこともできるだろう。

今、日本の主権を侵害され、外国に揺さぶられている問題は、皇室の正統性を明らかにし、昭和天皇も、明治天皇と同じく神格をお持ちであることを認めることで、対処方針が固まるだろう。宗教を軽んじては、この国の繁栄は立ちゆかないだろう。宗教性を高めるべき時である。

二〇一二年　八月二十八日

幸福《こうふく》の科学《かがく》グループ創始者兼総裁《そうししゃけんそうさい》　大川隆法《おおかわりゅうほう》

『皇室の未来を祈って』大川隆法著作関連書籍

『新・日本国憲法 試案』（幸福の科学出版刊）
『最大幸福社会の実現――天照大神の緊急神示――』（同右）

皇室《こうしつ》の未来《みらい》を祈《いの》って
──皇太子妃・雅子さまの守護霊インタビュー──

2012年9月17日　初版第1刷

著　者　　大《おお》　川《かわ》　隆《りゅう》　法《ほう》

発行所　　幸福の科学出版株式会社

〒107-0052 東京都港区赤坂2丁目10番14号
TEL(03)5573-7700
http://www.irhpress.co.jp/

印刷・製本　株式会社 東京研文社

落丁・乱丁本はおとりかえいたします

ISBN978-4-86395-227-0 C0014
Photo: ロイター/アフロ

大川隆法ベストセラーズ・高天原からのメッセージ

天照大神《あまてらすおおみかみ》のお怒りについて

緊急神示　信仰なき日本人への警告

無神論で日本を汚すことは許さない！　日本の主宰神・天照大神が緊急降臨し、国民に厳しい警告を発せられた。

1,300円

最大幸福社会の実現

天照大神の緊急神示

三千年の長きにわたり、日本を護り続けた天照大神が、国家存亡の危機を招く民主党政権に退陣を迫る！　国民必読の書。

1,000円

女性リーダー入門

卑弥呼・光明皇后が贈る、
現代女性たちへのアドバイス

自己実現の先にある理想の生き方について、日本の歴史のなかでも名高い女性リーダーからのアドバイス。

1,200円

※表示価格は本体価格（税別）です。

大川隆法ベストセラーズ・神秘の扉が開く

神秘の法

次元の壁を超えて

2012年10月6日
ロードショー

この世とあの世を貫く秘密を解き明かし、あなたに限界突破の力を与える書。この真実を知ったとき、底知れぬパワーが湧いてくる！

1,800円

公式ガイドブック①
映画「神秘の法」が明かす近未来シナリオ

［監修］大川隆法

この世界は目に見える世界だけではない。映画「神秘の法」に込めた願いが熱く語られる、近未来予言映画第2弾の公式ガイドブック。

1,000円

幸福の科学グループのご案内

宗教、教育、政治、出版などの活動を通じて、地球的ユートピアの実現を目指しています。

宗教法人　幸福の科学

一九八六年に立宗。一九九一年に宗教法人格を取得。信仰の対象は、地球系霊団の最高大霊、主エル・カンターレ。世界百カ国に迫る国々に信者を持ち、全人類救済という尊い使命のもと、信者は、「愛」と「悟り」と「ユートピア建設」の教えの実践、伝道に励んでいます。

（二〇一二年八月現在）

公式サイト
http://www.happy-science.jp/

愛

幸福の科学の「愛」とは、与える愛です。これは、仏教の慈悲《じひ》や布施《ふせ》の精神と同じことです。信者は、仏法真理をお伝えすることを通して、多くの方に幸福な人生を送っていただくための活動に励んでいます。

悟り

「悟り」とは、自らが仏の子であることを知るということです。教学《きょうがく》や精神統一によって心を磨き、智慧《ちえ》を得て悩みを解決すると共に、天使・菩薩《ぼさつ》の境地を目指し、より多くの人を救える力を身につけていきます。

ユートピア建設

私たち人間は、地上に理想世界を建設するという尊い使命を持って生まれてきています。社会の悪を押しとどめ、善を推し進めるために、信者はさまざまな活動に積極的に参加しています。

国内外の世界で貧困や災害、心の病で苦しんでいる人々に対しては、現地メンバーや支援団体と連携して、物心両面に渡り、あらゆる手段で手を差し伸べています。

年間3万人を超える自殺者を減らすため、全国各地で街頭キャンペーンを展開しています。

公式サイト
http://www.withyou-hs.net/

ヘレン・ケラーを理想として活動する、ハンディキャップを持つ方とボランティアの会です。視聴覚障害者、肢体不自由な方々に仏法真理を学んでいただくための、さまざまなサポートをしています。

公式サイト
http://www.helen-hs.net/

INFORMATION

お近くの精舎・支部・拠点など、お問い合わせは、こちらまで！
幸福の科学サービスセンター
TEL. 03-5793-1727（受付時間 火〜金：10〜20時／土・日：10〜18時）
幸福の科学グループサイト http://www.hs-group.org/

教育

学校法人 幸福の科学学園

幸福の科学学園中学校・高等学校は、幸福の科学の教育理念のもとにつくられた学校です。人間にとって最も大切な宗教教育の導入を通じて精神性を高めながら、ユートピア建設に貢献する人材輩出を目指しています。

幸福の科学学園
中学校・高等学校（男女共学・全寮制）
2010年4月開校・栃木県那須郡

TEL **0287-75-7777**
公式サイト **http://www.happy-science.ac.jp/**

関西校（2013年4月開校予定・滋賀県）
幸福の科学大学（2015年開学予定）

仏法真理塾「サクセスNo.1」

小・中・高校生が、信仰教育を基礎にしながら、「勉強も『心の修行』」と考えて学んでいます。

TEL **03-5750-0747**（東京本校）

心の面からのアプローチを重視して、不登校の子供たちを支援しています。また、障害児支援の**「ユー・アー・エンゼル！」**運動も行っています。

不登校児支援スクール「ネバー・マインド」

幼少時からの心の教育を大切にして、信仰をベースにした幼児教育を行っています。

エンゼルプランV

NPO 活動支援

学校からのいじめ追放を目指し、さまざまな社会提言をしています。また、各地でのシンポジウムや学校への啓発ポスター掲示等に取り組むNPO「いじめから子供を守ろう！ネットワーク」を支援しています。

公式サイト **http://mamoro.org/**

ブログ **http://mamoro.blog86.fc2.com/**

相談窓口 **TEL.03-5719-2170**

政治

幸福実現党

内《ない》憂《ゆう》外《がい》患《かん》の国難に立ち向かうべく、二〇〇九年五月に幸福実現党を立党しました。創立者である大川隆法党名誉総裁の精神的指導のもと、宗教だけでは解決できない問題に取り組み、幸福を具体化するための力になっています。

党員の機関紙
「幸福実現News」

TEL 03-6441-0754
公式サイト
http://www.hr-party.jp/

出版メディア事業

幸福の科学出版

大川隆法総裁の仏法真理の書を中心に、ビジネス、自己啓発、小説など、さまざまなジャンルの書籍・雑誌を出版しています。他にも、映画事業、文学・学術発展のための振興事業、テレビ・ラジオ番組の提供など、幸福の科学文化を広げる事業を行っています。

TEL 03-5573-7700
公式サイト
http://www.irhpress.co.jp/

入会のご案内

あなたも、幸福の科学に集い、ほんとうの幸福を見つけてみませんか？

幸福の科学では、大川隆法総裁が説く仏法真理をもとに、「どうすれば幸福になれるのか、また、他の人を幸福にできるのか」を学び、実践しています。

入会

大川隆法総裁の教えを学ぼうとする方なら、どなたでも入会できます。入会された方には、『入会版「正心法語」』が授与されます。（入会の奉納は1,000円目安です）

ネットでも**入会**できます。詳しくは、下記URLへ。

三帰《さんき》誓願《せいがん》

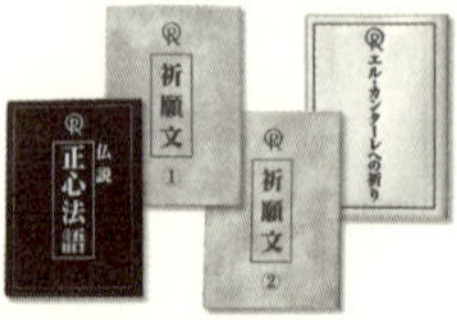

仏弟子としてさらに信仰を深めたい方は、仏・法・僧の三宝への帰依を誓う「三帰誓願式」を受けることができます。三帰誓願者には、『仏説・正心法語』『祈願文①』『祈願文②』『エル・カンターレへの祈り』が授与されます。

植福《しょくふく》の会

植福は、ユートピア建設のために、自分の富を差し出す尊い布施の行為です。布施の機会として、毎月1口1,000円からお申込みいただける、「植福の会」がございます。

「植福の会」に参加された方のうちご希望の方には、幸福の科学の小冊子（毎月1回）をお送りいたします。詳しくは、下記の電話番号までお問い合わせください。

月刊「幸福の科学」

ザ・伝道

ヤング・ブッダ

ヘルメス・エンゼルズ

INFORMATION
幸福の科学サービスセンター
TEL. 03-5793-1727（受付時間 火～金：10～20時／土・日：10～18時）
宗教法人 幸福の科学 公式サイト http://www.happy-science.jp/